JN236197

チョコレートのお菓子
sweets of chocolate

創作菓子研究家
大森いく子

永岡書店

はじめに

　チョコレートを好きな人はたくさんいます。それなのにチョコレート菓子を作るのは、「なんだか難しそう」と敬遠する人が多いように思います。大森いく子流なら、高級チョコレートを使わなくても、特別な道具がなくても大丈夫。手をかけなければいけないところ、反対に少し手抜きをしてもよいところ、このポイントをきっちりと押さえれば、近所のお店で売られている身近な材料を使って、お菓子作り初心者でも、楽しみながら満足のいくチョコレート菓子を作ることができます。

　チョコレートには気持ちをリラックスさせるアロマテラピー効果や、集中力をアップさせる力があるといわれています。また、繊維質が豊富で、ポリフェノールが含まれているのも魅力ですね。美容や健康にもいいのです。ケーキ屋さんのチョコレートケーキや市販のチョコスナックとはひと味違う、"あなただけのチョコレートのお菓子"を作りませんか。そのお手伝いを、この本でできたらいいなと思います。

大森いく子

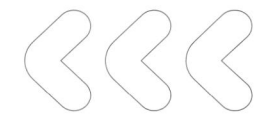

CONTENTS

Chapter 1
チョコレートならではのお菓子

マンディアン　Mendiants ― 9

オランジェット　Orangette ― 12

チョコレートスプーン　Chocolate Spoon ― 12

チョコディップクッキー　Choco Dip Cookies ― 13

チョコビッツ　Choco Bits ― 13

トリュフ　Truffle ― 16

生チョコ　Fresh Cream Chocolate ― 20

グラスガナッシュ　Glass Ganache ― 21

Column **チョコレートのドリンクバリエ**

オレンジミルクチョコレート　Orange Milk Chocolate ― 24

ホットトリュフ　Hot Truffle ― 24

ホワイトバナナ　White Banana ― 25

キャラメルチョコレート　Caramel Chocolate ― 25

Chapter 2
チョコレートを使った小さなお菓子

ホワイトガナッシュチョコケーキ　White Ganache Choco Cake — 29

ブラウニー　Brownie — 32

クランベリーブラウニー　Cranberry Brownie — 33

チョコマフィン　Choco Muffin — 36

マーブルマフィン　Marble Muffin — 37

ボックスクッキー　Box Cookies — 40

カントリーチョコクッキー　Country Choco Cookies — 41

ミックスナッツバー　Mix Nuts Bar — 44

ビスコッティ　Biscotti — 45

チョコレートムース　Chocolate Mousse — 48

チョコプディング　Chocolate Pudding — 49

りんごのパウンドケーキ　Apple Pound Cake — 52

バナナのパウンドケーキ　Banana Pound Cake — 52

チョコチップパウンドケーキ　Chocochip Pound Cake — 52

ホットトリュフケーキ　Hot Truffle Cake — 56

プチチョコパイ　Petit Choco Pie — 60

チョコレートタルト　Chocolate Tart — 61

ホワイトチョコフール　White Choco Fool — 64

Column **チョコレートソースバリエ**

ウアラネージュ　œufs á la neige — 68

チョコレートアイス　Chocolate Ice — 68

チョコレートに合う素材 — 69

本書のきまり
- 1カップは200cc、大さじ1は15cc、小さじ1は5ccです。
- 電子レンジを使用する際の加熱時間は、500Wの電子レンジが基準になっています。600Wの電子レンジを使用する場合は、本書の記載時間の0.8倍、400Wの場合は1.2倍にしてください。
- オーブントースターは860Wのものを使っています。
- 電子レンジを使用する際、記載のないものにはラップをかける必要はありません。
- バターは食塩不使用バターを使っています。
- 砂糖はグラニュー糖を使っています。
- 生クリームは乳脂肪分35%のものを使っています。
- 卵は正味1個50g＝Mサイズを基準としています。

Chapter 3
チョコレートのおもてなしお菓子

ガトーショコラ　Gâteau au Chocolat — 73

チョコレートクレープ　Chocolate Crepe — 76

チョコレートバナナパイ　Chocolate Banana Pie — 80

チョコレートシフォンケーキ　Chocolate Chiffon Cake — 84

チョコレートスポンジケーキ　Chocolate Sponge Cake — 88

Column **ラッピング**

簡単ラッピングアイデア — 92

ラッピングに使える道具&小物 — 94

お菓子作りのためのチョコレート

＊クーベルチュールチョコレート

スィートチョコレート
カカオマスにカカオバター、砂糖を混ぜたもの。

ミルクチョコレート
スィートチョコレートにミルク成分を加えたもの。

タブレットタイプ
溶かす時に刻む必要がない。そのまま使える便利なコイン状のチョコレート。

カカオマス
カカオの種子をペースト状にした無糖のチョコレート。

ホワイトチョコレート
カカオマスを使わず、カカオバター、砂糖、ミルク成分で作られたもの。

クーベルチュールチョコレートとは

チョコレートを溶かして作るお菓子作りには、製菓用のクーベルチュールチョコレートがおすすめ。クーベルチュールチョコレートは、普通の板チョコに比べて、カカオバター（油脂分）を多めに入れているので、熱を加えたときに、なめらかに溶けます。流動性があるので、型に流したときに入ってしまった余分な空気を抜くことが容易にでき、トリュフのコーティングもチョコが厚くならず、きれいに仕上がります。

＊純チョコレート

粒チョコ

板チョコ

クーベルチュールチョコレートが手に入らない時は、普通の純チョコレートでも代用が可能。粒タイプは刻む必要がなく便利。なめらかに溶けるのでお菓子作りにも活躍します。板チョコも薄いものから厚いものまで、様々なタイプが市販されています。

純チョコレートを使う時のコツ

お菓子作りに使う時、粒タイプはそのまま、板タイプは細かく刻んでから溶かします。成形したい時には、溶けたチョコレートをゴムベラやスプーンの背で練り混ぜながら温度を下げ、少し粘り気がでてきたものを使うとツヤと固さがでて、作業しやすくなります。

＊本書で使う副材料のチョコレート

チョコチップ

キスチョコ

チョコフレーク

巻チョコ

ココアパウダー

チョコレートシロップ

チョコレートの保存法

チョコレートは高温多湿を嫌います。10～15度くらいの涼しく、温度差の少ないところで保管しましょう。いったん溶けたチョコレートは、脂肪が浮き上がり表面が白くなるファットブルーム現象や、湿気で溶けた砂糖が白い点々になるシュガーブルーム現象をおこします。
ツヤのなくなったクーベルチュールチョコレートは刻んで、適正なテンパリングの作業をすれば、よい状態のチョコレートに戻ります。風味をそこなわないよう、また酸化しないように密閉容器で保存しましょう。

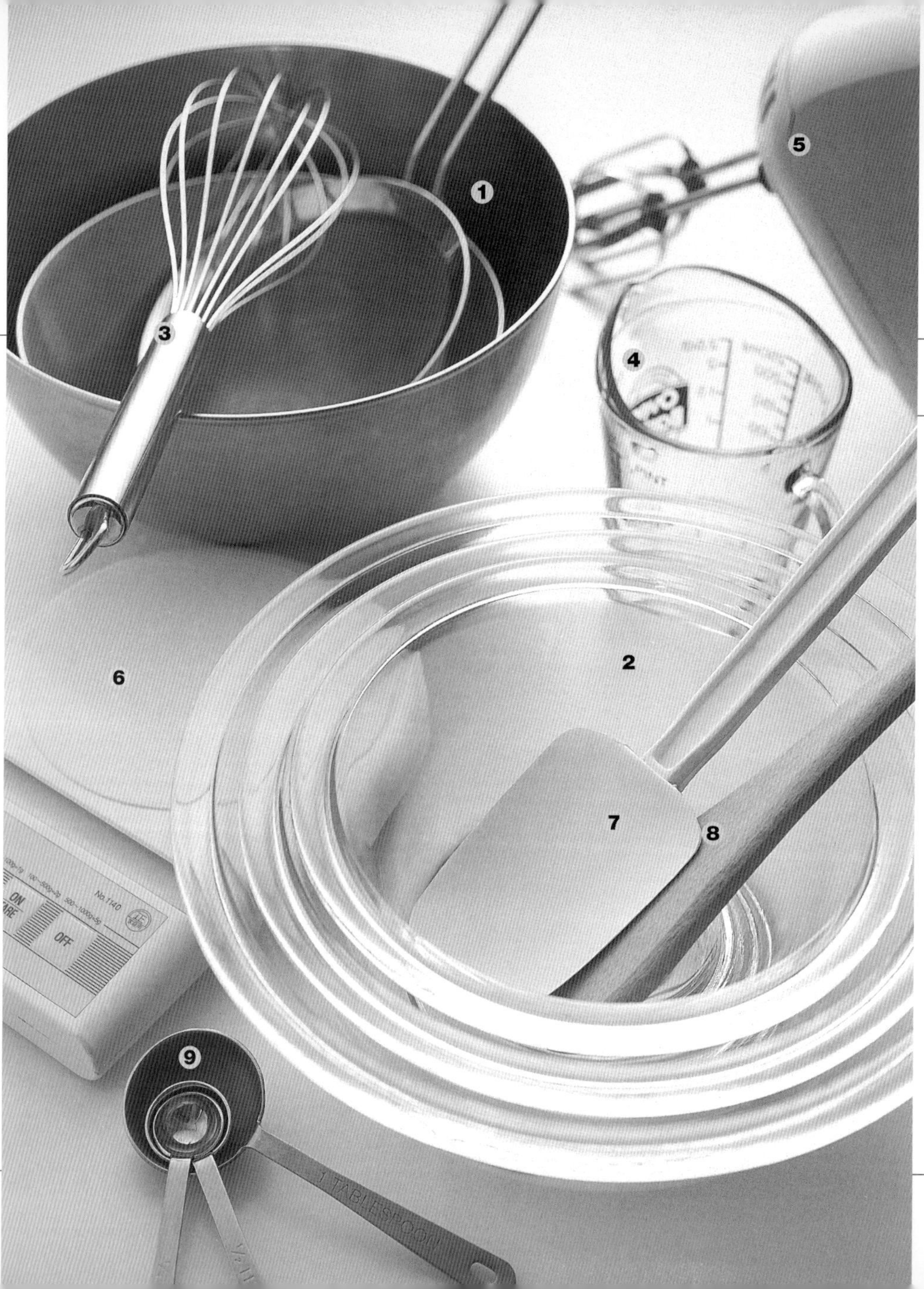
1
5
3
4
2
6
7
8
No.1140
ON
OFF
9
1 TABLESPOON

本書で使う道具

基本の道具

1. ステンレスのボウル
2. ガラスのボウル
3. 泡立て器
4. 計量カップ
5. ハンドミキサー
6. はかり
7. ゴムベラ
8. 木ベラ
9. 計量スプーン

型

10. 丸型
11. シフォン型
12. タルト型(16cm)
13. タルト型(8cm)
14. ココット型
15. ハートの型

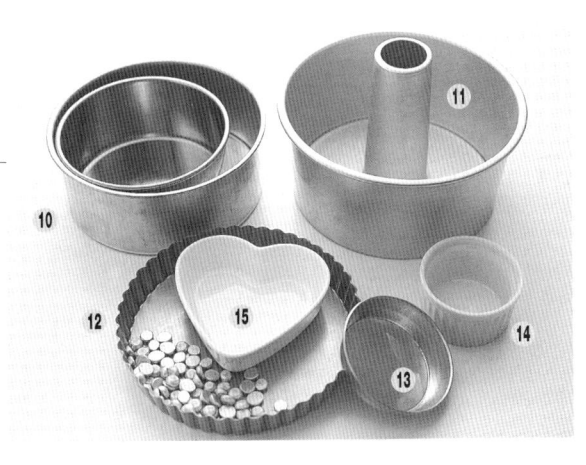

Chapter1

チョコレート ならではのお菓子

チョコレートの特徴をいかした、チョコレートならではのお菓子を集めました。トリュフや生チョコなどおなじみのお菓子から、クッキーやピールにコーティングしたものまで。チョコレートの風味を存分に味わえるレシピをどうぞ。

Mendiants
マンディアン

Mendiants

マンディアンの作り方

溶かしたチョコの上にナッツやドライフルーツをのせて。宝石みたいにキュートな姿。

材料（各10個分）

●ナッツ
スイートチョコレート …………………50g
カシューナッツ ……………………………5個
マカデミアナッツ …………………………5個
くるみ…………………………………………適量
カボチャの種………………………………適量
ピスタチオ…………………………………適量

●ドライフルーツ
ホワイトチョコレート …………………50g
ドライクランベリー………………………適量
シルクロードレーズン……………………適量
ミックスドライフルーツ…………………適量

日持ちの目安：冬期なら室温、夏期なら冷蔵庫で10日

作り方

✣ テンパリング

1 チョコレートをテンパリングする。（P11参照）

✣ 固める

2 バットにクッキングシートを敷き、チョコレートを小さじ1ずつすくい、シートに落とす。

★クッキングシートがなければラップ、アルミホイルを使ってもOK。

3 チョコレートが固まらないうちに、好みのナッツ、ドライフルーツを上に飾る。

4 冬は涼しいところに約20分ほど置いておく。暑い部屋や夏場には、冷蔵庫に約20分ほど入れて、固める。固まるとシートから、きれいにはがれる。

★表面をさわって、指紋をつけないように注意。

テンパリング

道具
- ・温度計　・鍋
- ・ステンレスのボウル（鍋より大きめ）
- ・水をはったボウル
- ・ゴムベラ

1 チョコレートを包丁で細かく刻む。（タブレットタイプはそのままでOK）

2 ボウルに**1**を入れ、50〜55度の湯をはった鍋にボウルの底が湯につかるようにのせ、湯せんにかける。ゴムベラでチョコレートをよく溶かす。
（ボウルは鍋より少し大きめの方が、湯気がチョコレートにかからなくてよい。）

3 ゴムベラを静かに混ぜ、ときどき温度計でチェックしながら、チョコレートの温度を43度くらいまで上げる。

4 湯せんをはずし、ときどきボウルの底を別のボウルにはった水にあてながら、ゴムベラでかき混ぜ、チョコレートの温度を26度に下げます。
（水がチョコレートに入らないように注意）

5 再び湯せんにかけ、29〜32度にします。32度以上になってしまった場合は、**2**からやり直し。

テンパリングの意味

テンパリングとはチョコレートの温度調節のこと。チョコレートは溶かす、冷ます、温めるという作業を行ってから加工します。チョコレートの主原料であるカカオバターは温度に敏感で、上手に温度調節をしてあげないと、チョコレートのツヤを失わせ、表面に霜がおりたような模様が浮かんだりします（ブルーミング）。ブルーミングを起こしたチョコレートは見た目が悪いだけでなく、味も低下します。

★テンパリングの作業をすることにより、艶やかで見栄えの良いチョコレート菓子に仕上がります。でもチョコレートを少量しか使わないお菓子や混ぜ込んで作るお菓子の時は、確実な温度調節をしなくても簡単にチョコレートを溶かし、温度を下げるだけでも手軽においしいお菓子を作ることができます。

Orangette
オランジェット

Chocolate Spoon
チョコレートスプーン

Choco Dip Cookies
チョコディップクッキー

Choco Bits
チョコビッツ

Orangette

オランジェットの作り方

ピールの風味とチョコの甘さが大人の味わい。口の中でオレンジの香りが広がります。

材料（16個分）

オレンジピール	1/4個
レモンピール	1/4個
スイートチョコレート	50g

日持ちの目安：冬期なら室温、夏期なら冷蔵庫で10日

作り方

1 オレンジピール、レモンピールは、スティック状や好みの形に切る。ザルの上に約半日ほど置いて、表面の余分な水分を飛ばしておく。

2 チョコレートを細かく刻み、テンパリングする。（P11参照）

3 1をチョコレートに半分までくぐらせて、クッキングシートをしいたバットの上に置き、チョコレートを固める。

Chocolate Spoon

チョコレートスプーンの作り方

型の代わりにスプーンを使ってみました。お気に入りのスプーンならそのままプレゼントに。

材料（10個分）

スイートチョコレート	50g
ローストアーモンドホール	適量

日持ちの目安：冬期なら室温、夏期なら冷蔵庫で10日

Wrapping

スプーンの柄を持って、アーモンドの上からチョコを押し出すようにすると簡単にとれる。もちろんスプーンごと贈ってもOK。ラッピング用のセロハンの袋に入れ、リボンやひも等で口を結ぶ。

作り方

1 アルミホイルを丸めて凹凸をつけ、バットに置く。そこに、きれいに洗って水気を取ったスプーンをのせて、動かないように固定する。

2 チョコレートを細かく刻み、テンパリングする。（P11参照）

3 チョコレートをスプーンの七分目まで入れる。ローストアーモンドホールをのせ、涼しいところに約20分置いて、チョコレートを固める。

Choco Dip Cookies

チョコディップクッキーの作り方

市販のクッキーにチョコをつけただけの簡単アレンジ。いろんな形のクッキーで試してみて。

材料（20枚分）

市販のプチクッキー	20枚
スイートチョコレート	50g
ココナッツ粉末	少々
ローストスライスアーモンド	少々
刻みピスタチオ	少々

日持ちの目安：冬期なら室温、夏期なら冷蔵庫で10日

作り方

1 チョコレートを細かく刻み、テンパリングする。（P11参照）

2 市販のクッキーにチョコレートを半分つけ、固まらないうちに細かく刻んだナッツなどを上に散らす。クッキングシートの上でチョコレートを固める。

★湿気ないように、密閉容器で保管するとよい。

Choco Bits

チョコビッツの作り方

ホワイトチョコの間から見えるのは、カラメルがけのくるみ。いろんな食感が楽しい。

材料（10×13cmのバット）

ホワイトチョコレート	100g
くるみ	60g
・カラメル	
グラニュー糖	大さじ4
水	小さじ2
サラダ油	適量

日持ちの目安：冬期なら室温、夏期なら冷蔵庫で10日

Wrapping

洋服を買った時に包んであった紙を取っておくととても便利。そのまま薄紙に包んで、市販の封筒に。

作り方

1 鍋にグラニュー糖と水を入れ、中火にかける。クツクツ沸騰して、薄い紅茶色になったら、火からおろしてくるみを加える。木ベラで、カラメルが全体にまわるように混ぜる。

2 サラダ油を薄くしいたバットに、**1**を広げて置き、固める。

3 チョコレートを細かく刻み、テンパリングする。（P11参照）

4 2をおおまかにほぐして、**3**のチョコレートに手早く混ぜ合わせる。

5 クッキングシートをしいたバットに流して、涼しいところに置いて、チョコレートを固める。

6 固まったら、包丁で食べやすいひとくちサイズに切り分ける。

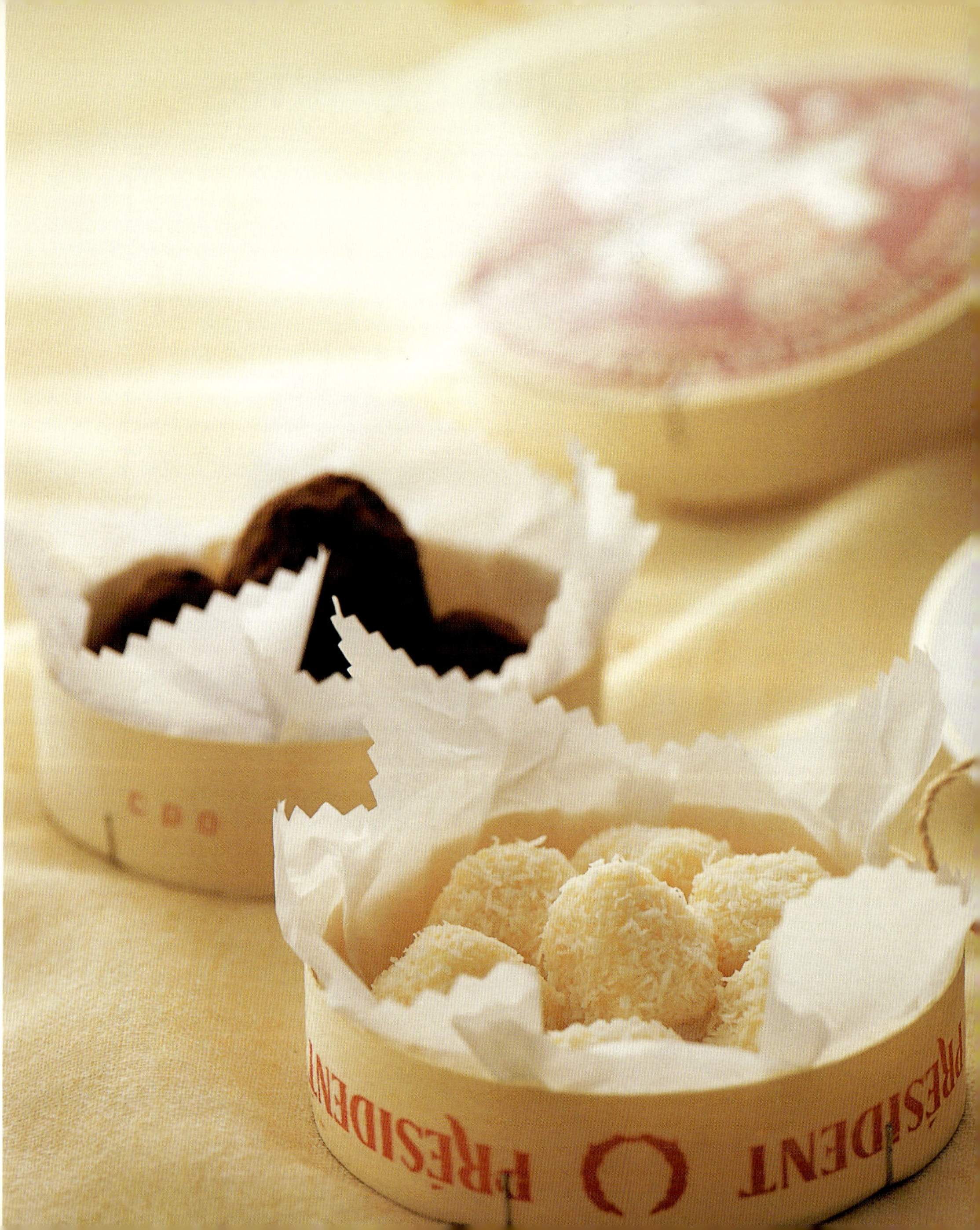
PRÉSIDENT
PRÉSIDENT

Truffle
トリュフ

Truffle
トリュフの作り方

お気に入りのリキュールを使ったトリュフ。濃いめのコーヒーでどうぞ。

材料（各15個分）

●ココア
ミルクチョコレート 100g
生クリーム 50g
洋酒（ラム酒などお好みで）........小さじ1
・コーティング用
スイートチョコレート 50g
ココア............................適量

●ホワイト
ホワイトチョコレート 100g
生クリーム 50g
洋酒（グランマニエ酒、コアントロー
などお好みで）....................小さじ1
刻みココナッツ 1/4カップ

日持ちの目安：冷蔵庫で10日

作り方

❖ ガナッシュクリームを作る

1 チョコレートを包丁で細かく刻む。

2 鍋に生クリームを入れて沸騰直前まで温め、火からおろす。

3 1のチョコレートを2に加え、木ベラで混ぜながら溶かす（写真a）。

4 ボウルに移して、洋酒を加えて混ぜ合わせる。ラップをかけ、そのまま半日涼しいところに置いて、安定させる。

5 ゴムベラで固さが均一になるまで混ぜる。さらに泡立て器にかえて静かに混ぜ、八分立てくらいの固さにする（写真b）。

❖ 固める

6 1cmの丸口金をつけた絞り袋に入れて、バットやトレーにクッキングシートを敷き、2cm直径のキスチョコ型に絞り出す（写真c）。冷蔵庫で約60分冷やし固める。ホワイトはスプーンで丸めて、クッキングシートに落とし、冷蔵庫で約60分冷やし固める（写真g）。

❖ 仕上げる

7 ココアの方はテンパリングした（P11参照）スイートチョコレートに、フォークにのせた6をくぐらせて（写真d）、ボウルのふちで余分なチョコを落とし（写真e）、ふるったココアの中に置く。固まりかけたらフォークで転がし、ココアをまぶす（写真f）。ホワイトは表面に刻みココナッツをまぶす。

a

b

c

d

e

f

g

Wrapping

外国の輸入チーズの箱を使用。薄紙をピンキングバサミでギザギザに切って、箱に敷く。トリュフをつめて箱を麻ひもで結ぶ。

Fresh Cream Chocolate
生チョコ

Glass Ganache
グラスガナッシュ

Fresh Cream Chocolate

生チョコの作り方

クリーミーなチョコレートにビターなココア。口の中でフワッととろけるおいしさです。

材料（10×12cmのバット）

スイートチョコレート ……………… 100g
生クリーム ……………………………… 50cc
ココア ……………………………………… 適量

日持ちの目安：冷蔵庫で5日

作り方

❖ ガナッシュクリームを作る

1 チョコレートを包丁で細かく刻む。
2 鍋に生クリームを入れ、沸騰直前まで温め、火からおろす。
3 1のチョコレートを2に加え、木ベラで静かに混ぜながら溶かす。

❖ 固める

4 クッキングシートを敷いたバットに平らに流し、半日ほど冷蔵庫に入れて固める。
5 クッキングシートごと、チョコレートを取り出しまな板に置く。お湯につけ、水気をよく拭きとった包丁で2cm角に切る。
★1回ごとに包丁につくチョコレートを取りのぞきながら切ると、**断面がきれいに仕上がる**。
6 茶こしでココアをふるう。

Wrapping
市販のハート型の箱に薄紙を敷いて。

Glass Ganache
グラスガナッシュの作り方

ガナッシュクリームとチェリー。ちっちゃなかわいいグラスからチュルッとすくって召し上がれ。

材料 (小グラス2個分)

スイートチョコレート ……………………30 g
生クリーム ……………………………大さじ2
バター …………………………………………5 g
洋酒（ブランデーなど）……………小さじ1/2
リキュール漬けチェリー ………………………6個

日持ちの目安：冷蔵庫で2日

作り方

✢ **ガナッシュクリームを作る**

1 チョコレートを包丁で細かく刻む。

2 耐熱容器に生クリームを入れ、電子レンジで15秒温める。

3 **1**のチョコレートを**2**に加え、スプーンで静かに混ぜながら溶かす。さらにバターも加えて溶かし、混ぜ合わせる。

4 **3**の粗熱がとれたら洋酒を加えて、泡立て器で混ぜ合わせる。

✢ **固める**

5 グラスにリキュール漬けのチェリーを入れ、**4**のガナッシュを流し入れる。

★ リキュール漬けチェリーは、缶詰のダークチェリーにブランデーなどをふりかけたものでも**OK**。

Wrapping

グラスのまま贈れるので、そのままラッピングペーパーやセロハンでつつんで、口をリボンで結ぶだけ。

チョコレートのドリンクバリエ

Hot Truffle
ホットトリュフ

Orange Milk Chocolate
オレンジミルクチョコレート

お菓子作りの後、ちょっとだけチョコレートがあまってしまったら………
こんなチョコレートドリンクを作ってみてください。ホッと一息、心がなごみます。

White Banana
ホワイトバナナ

Caramel Chocolate
キャラメルチョコレート

Orange Milk Chocolate
オレンジミルクチョコレートの作り方

材料 (1人分)

オレンジジュース（100%）	150cc
ミルクチョコレート	30g
オレンジ	1/4個

作り方

1. 耐熱容器にオレンジジュース50ccと刻んだチョコレートを入れ、電子レンジで1分加熱する。スプーンで混ぜてチョコレートを溶かす。
2. 残りのオレンジジュースを加える。
3. グラスに氷を入れて**2**を注ぎ、くし型に切ったオレンジを飾る。

Hot Truffle
ホットトリュフの作り方

材料 (1人分)

牛乳	150cc
トリュフ	1個

作り方

1. 牛乳を温める。
2. トリュフをようじなどに刺してカップに入れ、**1**の牛乳を注ぐ。

White Banana
ホワイトバナナの作り方

材料 (1人分)

バナナ	1/2本
ホワイトチョコレート	30g
牛乳	100cc
シナモンパウダー、シナモンスティック	少々

作り方

1. 刻んだチョコレートを湯せんで溶かす。（または電子レンジで約20秒加熱）
2. ミキサーにバナナ、牛乳、溶かしたチョコレートを入れて混ぜる。グラスに注ぐ。

★お好みでシナモンパウダーをふり、シナモンスティックを添える。

Caramel Chocolate
キャラメルチョコレートの作り方

材料 (1人分)

スイートチョコレート	20g
牛乳	150cc
ミルクキャラメル	3個

作り方

1. 耐熱カップに刻んだミルクキャラメルとチョコレート、牛乳50ccを入れ、電子レンジで30秒加熱する。スプーンで混ぜてチョコレートを溶かす。
2. 残りの牛乳を加え、再び電子レンジで1分加熱する。

★お好みで軽くホイップした生クリームを注ぐ。

BREAK TIME

飲むチョコレート

　古代メキシコではカカオは「神様の食べもの」といわれていました。また16世紀の初めには不老長寿のくすりとしてカカオ豆を煎ってすりつぶし、とうもろこしの粉やはちみつを加えたショコラートル（チョコレートのこと）を飲んでいたといいます。

　ヨーロッパにチョコレートが渡ったのは1519年、メキシコに遠征したスペインのフェルナンド・コルテス将軍によってです。コルテスは人々がこのショコラートルを飲んでいるのを発見しこの効能を知り、行軍の兵士たちに飲ませ、疲労回復に利用したといいます。コルテスはカカオ豆をスペインに持ち帰り、カルロス一世に献上しました。やがてチョコレートはフランス、イタリアなどに伝えられ、次第にヨーロッパ全土に広まっていきました。

　現在のような"食べるチョコレート"ができたのは1840年頃。また日本にチョコレートが伝えられたのは明治10年（1877年）頃のことです。大正時代に入り、カカオ豆から製品になるまで一貫して生産できるようになると、次第に日本全国に広がっていきました。

Chapter2

チョコレートを使った小さなお菓子

クッキーやマフィンにチョコレートが入っていたら、なんだか得した気分になりませんか？ チョコレートそのものの味のするお菓子や、風味づけにチョコレートの入ったお菓子など、ちょっとお得なチョコレート菓子がいっぱいです。

White Ganache Choco Cake
ホワイトガナッシュチョコケーキ

White Ganache Choco Cake
ホワイトガナッシュケーキの作り方

生クリームにホワイトチョコを加えたクリームをたっぷりと。なんだか幸せ気分。

材料（10cmの丸型1台分）

・スポンジ

薄力粉 …………………………… 30g
バター …………………………… 10g
グラニュー糖 …………………… 30g
卵 ………………………………… 1個

・ホワイトガナッシュクリーム

ホワイトチョコレート ………… 30g
生クリーム …………………… 150cc
洋酒（グランマニエ酒）……… 小さじ½

飾り用のホワイトチョコレート………適量

日持ちの目安：冷蔵庫で2日

作り方

❖ **生地を作る**

1 ボウルに卵とグラニュー糖を入れ、泡立て器でよくすり混ぜる。

2 1を湯せんにかけながら人肌くらいに温める。湯せんをはずして、ハンドミキサーで生地がリボン状に落ちてくるようになるまで、泡立てる。

3 薄力粉をふるいながら加え、ゴムベラでさっくりと混ぜ合わせる。

4 湯せんにかけて溶かした（または電子レンジで約15秒加熱した）バターに、**3**の生地を約大さじ1加え、混ぜ合わせたものを**3**のボウルに戻し、全体を混ぜ合わせる。

★溶かしバターを生地に混ぜる時、そのまま加えると全体に混ざりにくいため、生地を少し取って混ぜてから全体と合わせるとよい。

❖ **焼く**

5 パラフィン紙をはりつけた型に**4**を流し、170度に温めたオーブンで約20分焼く。

6 焼き上がったら、網台の上で冷ます。

❖ **ホワイトガナッシュクリームを作る**

7 鍋に生クリームを入れて火にかけ、沸騰してきたら火からおろす。細かく刻んだホワイトチョコレートを加え、木ベラで静かに混ぜながら溶かす。

8 ボウルに移して粗熱を取る。グランマニエ酒を加えて、ボウルの底を氷水にあてながら、泡立て器でもったりとしてくるまで泡立てる（写真a）。

❖ 仕上げる

9 スポンジは、横半分に切って、ガナッシュクリームを薄くはさむ。スプーンで角を立てるように全体にクリームを塗る（写真b）。

10 ホワイトチョコレートをスプーンで薄く削り飾る。

Brownie
ブラウニー

Cranberry Brownie
クランベリーブラウニー

Brownie

ブラウニーの作り方

チョコレート菓子の定番"ブラウニー"。くるみを大きめに刻んで素朴な仕上がり。

材料 (18×18cmの型)

スイートチョコレート	50g
薄力粉	50g
ココア	50g
ベーキングパウダー	小さじ1/2
塩	少々
バター	80g
グラニュー糖	80g
卵	2個
くるみ	50g

日持ちの目安：室温で5日

作り方

❖ 下準備

1 型の底にクッキングシートを敷いておく。

2 薄力粉、ココア、ベーキングパウダー、塩を合わせてふるっておく。

❖ 生地を作る

3 ボウルに細かく刻んだチョコレートを入れ、湯せんにかけて溶かす。（または電子レンジで約1分。半分ほど溶けた状態の時取り出し、よく混ぜる）

4 湯せんをはずし、室温に戻しやわらかくしたバターを3に入れて、泡立て器で混ぜ合わせる。さらにグラニュー糖を加えてよくすり混ぜる。

5 卵を溶きほぐして1個ずつ加え、さらによくかき混ぜる。そこに刻んだくるみを加えて混ぜる。

6 2を2、3回に分けて加え、泡立て器でざっくりと混ぜ合わせる。

❖ 焼く

7 6を型に入れて、表面をならす（写真）。

8 180度に温めたオーブンで約13～15分焼く。そのまま冷やす。

★焼きすぎると、しっとりとしたおいしいブラウニーにならないので注意。

Cranberry Brownie

クランベリーブラウニーの作り方

ちょっぴり甘酸っぱいチョコケーキ。ボウル1つでできるのもうれしい。

材料（18×18cmの型）

スイートチョコレート	50g
薄力粉	50g
ココア	50g
ベーキングパウダー	小さじ1/2
塩	少々
バター	80g
グラニュー糖	80g
卵	2個
ドライクランベリー	20g
プルーン	5個

日持ちの目安：室温で5日

作り方

❖下準備

1. 型の底にクッキングシートを敷いておく。
2. 薄力粉、ココア、ベーキングパウダー、塩を合わせてふるっておく。

❖生地を作る

3. ボウルに細かく刻んだチョコレートを入れ、湯せんにかけて溶かす。（または電子レンジで約1分。沸騰させないように注意）
4. 湯せんを外し、室温に戻しやわらかくしたバターを3に入れて、泡立て器で混ぜ合わせる。さらにグラニュー糖を加えてよくすり混ぜる。
5. 卵を溶きほぐして1個ずつ加え、さらによくかき混ぜる。そこに刻んだドライクランベリーとプルーンを加えて混ぜる。
6. 2を2、3回に分けて加え、泡立て器でざっくりと混ぜ合わせる。

❖焼く

7. 6を型に入れて、表面をならす（P.34写真）。
8. 180度に温めたオーブンで約13〜15分焼く。そのまま冷やす。

Wrapping

半透明のラッピング袋に一つずつ入れ、口を折りたたんで、文具用のプラスチック製の安全ピンで止める。

Choco Muffin
チョコマフィン

Marble Muffin
マーブルマフィン

Choco Muffin

チョコマフィンの作り方

いっぱい入ったチョコチップがうれしいミニマフィン。プレゼントにもどうぞ。

材料（直径5cmのミニペーパーカップ 6個分）

薄力粉	40g
ココア	大さじ2
ベーキングパウダー	小さじ1/2
バター	50g
グラニュー糖	40g
卵	1個
チョコチップ	30g

日持ちの目安：室温で3日

作り方

✣ 下準備

1 薄力粉、ココア、ベーキングパウダーを合わせてふるっておく。

✣ 生地を作る

2 卵をボウルに入れて溶きほぐす。グラニュー糖を加えて、泡立て器で全体がふんわりした白っぽいクリーム状になるまで泡立てる。

3 **2**のボウルに**1**を加えて混ぜ合わせる。

★練らないように注意して混ぜる。

4 湯せんにかけて溶かした（または電子レンジで約15秒加熱した）バターも加えて混ぜ合わせる。

5 チョコチップを加え混ぜる。

✣ 焼く

6 マフィン型に生地を六分目まで流し、180度に温めたオーブンで約15分焼く。

Wrapping

手作りの箱を作る。四隅を45度の角度に折り、組み立てて、ホッチキスで止める。ざっくりとした紙袋にゴロゴロ入れて、麻ひもで結んだだけでもかわいい。

Marble Muffin
マーブルマフィンの作り方

マーブル模様がキレイなちょっぴりよそ行きのマフィン。午後のひとときをこんなお菓子で。

材料（直径5cmのミニペーパーカップ 6個分）

薄力粉	60 g
ベーキングパウダー	小さじ½
バター	50 g
グラニュー糖	40 g
卵	1個
チョコレート（スイートまたはミルク）	15 g

日持ちの目安：室温で3日

作り方

✣下準備

1 薄力粉、ベーキングパウダーを合わせてふるっておく。

2 チョコレートを刻み、湯せんにかけて溶かしておく。（または電子レンジで約30〜40秒。沸騰させないように注意）

✣生地を作る

3 卵をボウルに入れて溶きほぐす。グラニュー糖を加えて、泡立て器で全体がふんわりした白っぽいクリーム状になるまで泡立てる。

4 3のボウルに1を加えて混ぜ合わせる。
★練らないように注意して混ぜる。

5 湯せんにかけて溶かした（または電子レンジで約15秒加熱した）バターも加えて、さらによく混ぜ合わせる。

✣焼く

6 マフィン型に生地を半分まで流す。その上に2のチョコレートを小さめのスプーンで流す。竹串などで生地を混ぜて、マーブル模様にする（写真）。

7 残りの生地を六分目まで入れ、同様にチョコレートを流しマーブル模様をかく。

8 180度に温めたオーブンで約15分焼く。

Box Cookies
ボックスクッキー

Country Choco Cookies
カントリーチョコクッキー

Box Cookies
ボックスクッキーの作り方

ほろ苦いココアとアーモンドの香ばしさがピッタリ。まぶしたグラニュー糖も上品な甘さ。

材料（12cm2本分＝各約24枚分）

薄力粉	100g
ココア	大さじ3
ベーキングパウダー	小さじ1/4
バター	50g
粉糖	40g
卵	1/2個
グラニュー糖	適量
スライスアーモンド	20g

日持ちの目安：室温で14日

作り方

❖ **下準備**

1 薄力粉、ココア、ベーキングパウダーを合わせてふるっておく。

❖ **生地を作る**

2 ボウルに室温に戻しておいたバターを入れて、泡立て器でクリーム状になるまで混ぜる。

★バターの戻りが不十分だと、冷たいところが玉になり、きれいなクリーム状にならないので注意。

3 粉糖を加え、均一になるまですり混ぜる。

4 溶きほぐした卵を加えてよく混ぜる。

5 1を加えゴムベラで生地をひとまとめにする。

6 だいたい混ざったら、ローストしたスライスアーモンドを、飾り用に少量残して加える。

❖ **成形する**

7 長さ12cmの棒状に生地をまとめる。1本は三角形に形を整え、表面に砕いたスライスアーモンドをはりつけ、もう1本は丸くして、グラニュー糖をまぶす。それぞれラップで包み形を整え、冷蔵庫で時々様子を見て、形のゆがみを直しながら冷やす。形が安定したら冷凍庫でさらに2、3時間冷やす。

❖ **焼く**

8 4〜5mm厚さに切る（写真）。

9 天板に並べ、170度に温めたオーブンで約8〜10分焼く。

Country Choco Cookies

カントリーチョコクッキーの作り方

ざっくりとした素朴な雰囲気のカントリークッキー。なんだか懐かしい味がします。

材料（20個分）

薄力粉	70 g
ココア	大さじ3
ベーキングソーダ（重曹）	小さじ1/4
塩	少々
バター	60 g
グラニュー糖	100 g
卵	1個
カボチャの種	30 g
ローストアーモンド	50 g

日持ちの目安：室温で14日

作り方

❖ **下準備**

1 薄力粉、ココア、ベーキングソーダ、塩を合わせてふるっておく。

❖ **生地を作る**

2 ボウルに室温に戻してやわらかくしたバターと、グラニュー糖を入れて、泡立て器でクリーム状になるまでよくすり混ぜる。

3 溶きほぐした卵を加えてよく混ぜる。

4 1を3に加えゴムベラで軽く混ぜ合わせたら、カボチャの種、粗く刻んだローストアーモンドを加え混ぜ合わせる。

❖ **成形する**

5 スプーンで約大さじ1ずつ取り、クッキングシートを敷いた天板に、間隔をおいて落としていく。

❖ **焼く**

6 170度に温めたオーブンで約15分焼く。

Mix Nuts Bar
ミックスナッツバー

Biscotti
ビスコッティ

Mix Nuts Bar
ミックスナッツバーの作り方

おつまみ用のミックスナッツがこんなおやつに変身。フワフワのマシュマロとの相性も◯。

材料（18×18cmのバット＝4本分）

スイートチョコレート	150g
プチマシュマロ	1/2カップ
チョコフレーク	1カップ
ミックスナッツ	50g

**日持ちの目安：
切らなければ室温で5日、
切った状態は室温で2日**

作り方

❖ 溶かす

1 細かく刻んだチョコレートを、湯せんにかけて溶かす。湯せんをはずし、ゴムベラでよく練り混ぜながら、チョコレートの温度を下げる。
★粘りとツヤが出てきたらできあがりの目安。

❖ 混ぜる

2 1のチョコレートが固まらないうちにマシュマロを加えて、マシュマロの表面が見えなくなるまで混ぜる。さらにチョコフレーク、ミックスナッツの順に加え混ぜる。

❖ 成形する

3 バットにクッキングシートを敷いて、約長さ15×幅12×高さ3cmに広げ、形を整える。

4 涼しいところに置いて冷ます。固まったら包丁で好みの太さに切り分ける。

Wrapping

紙を筒状に丸めてホッチキスで止める。ラッピングペーパーでくるみ、端を筒の中に押し込む。これだけで筒状の入れ物が完成。封筒、雑誌などの英字の部分を切り取って飾りに。最後に毛糸をひと巻き。

Biscotti

ビスコッティの作り方

カリッとした軽い口当たりの固焼きクッキー。甘口ワインやエスプレッソに浸して召し上がれ。

材料 （20枚分）

薄力粉	60 g
ココア	大さじ2
ベーキングパウダー	小さじ1
グラニュー糖	50 g
卵	1個
キスチョコ	20 g
アーモンドホール	20 g
粉糖	適量

日持ちの目安：室温で14日

作り方

❖ 下準備

1 アーモンドは空煎りして乾燥させ、半分に切る。

2 薄力粉、ココア、ベーキングパウダーを合わせてふるっておく。

❖ 生地を作る

3 ボウルに**2**の粉を入れて、**1**のアーモンドとキスチョコを加える。

4 溶きほぐした卵を**3**のボウルに加えて、ゴムベラで混ぜ合わせる。

5 だいたい混ざったところで、グラニュー糖を加えて、ゴムベラを手早く大きく動かしながら、生地をざっくりと混ぜ合わせる。この時ごつごつとすき間だらけでかまわない。

❖ 焼く

6 オーブンシートを敷いた天板に、ゴムベラを使って、約長さ20×幅6×高さ2cmに広げ、形を整える。粉糖を茶こしに入れて、生地の表面にたっぷりとかける（写真a）。

7 170度に温めたオーブンで、表面が固くなるまで約20分焼く。

8 ケーキクーラーの上で粗熱を取ってから、パン切りナイフで7mm幅に切る。

❖ 焼く（2度焼き）

9 天板に切り口を上にして並べ、140～150度で約20分、2度焼きして、カラッと乾燥させる（写真b）。

Chocolate Mousse
チョコレートムース

Chocolate Pudding
チョコプディング

Chocolate Mousse

チョコレートムースの作り方

ふんわりとした、口どけのよいムースは、午後のティータイムにピッタリです。

材料 (ゼリー型2個分)

ココア	大さじ1
牛乳	200cc
グラニュー糖	大さじ2
生クリーム	50cc
┌粉ゼラチン	小さじ1
└水	大さじ2
サラダ油	適量
飾り用生クリーム	適量

日持ちの目安：冷蔵庫で2日

作り方

✤ **下準備**

1 水に粉ゼラチンをふり入れ、ふやかしておく。

✤ **生地を作る**

2 ボウルにココア、グラニュー糖を入れ、温めた牛乳を加えてのばす。さらに**1**のゼラチンを加えて、よく溶かす。

3 生クリームを別のボウルで七分立て（泡立て器で混ぜた後すじ状に残る状態）にする。泡立てすぎるとなめらかな口当たりにならないので注意。

4 **2**のボウルの底を氷水にあてて冷やしながら、ゴムベラでかき混ぜて、とろみをつける（写真）。

5 **3**と**4**を混ぜ合わせる。

✤ **固める**

6 サラダ油を薄く塗り、水にくぐらせた型に生地を流し、冷蔵庫で約1時間冷やし固める。

7 ぬるま湯に型の底をさっとつけて、皿に裏返して置き、型からはずす。

8 生クリームをかける。

Chocolate Pudding

チョコプディングの作り方

キャラメルソースのほろ苦さがグッと味を引き締めています。いくつでも食べられそう。

材料（直径5cmココット型 4個分）

```
┌ 卵 ･････････････････････････1個
└ 卵黄 ････････････････････････1個
牛乳 ･･････････････････････････100cc
生クリーム ････････････････････大さじ2
グラニュー糖 ･･････････････････大さじ2
ココア ････････････････････････大さじ2
バター ････････････････････････適量
・キャラメルソース
 グラニュー糖 ････････････････20g
 水 ････････････････････････小さじ1/2
 生クリーム ･･････････････････大さじ2
```

日持ちの目安：冷蔵庫で2日

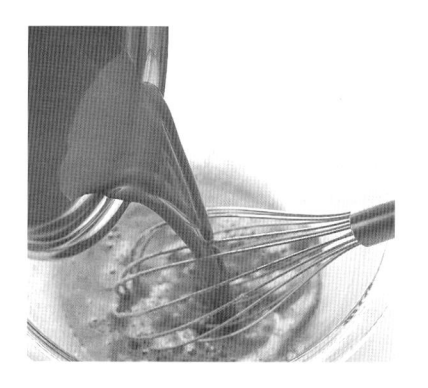

作り方

❖ **キャラメルソースを作る**

1 カラメルを作る。鍋にグラニュー糖と水を入れ、中火にかけて、焦げないよう揺らしながら煮つめ、薄い紅茶色になったら火をとめる。生クリームを加え、全体に混ざったら冷ましておく。

❖ **生地を作る**

2 鍋に牛乳と生クリーム、グラニュー糖、ココアを入れ火にかける。沸騰直前まで温める。

3 ボウルに卵と卵黄を入れ、溶きほぐす。

4 **3**に**2**を少しずつ加え、泡立てないように混ぜ合わせる（写真）。

❖ **蒸し焼き**

5 **4**をこし器でこしてから、バターを塗った型に流し入れる。表面の泡をキッチンペーパーなどで取り除く。

6 湯をはった天板に並べて、160度に温めたオーブンで約15分蒸し焼きにする。（アルミのプリン型の場合は約9〜10分）表面をさわって、弾力があればできあがり。

7 冷蔵庫で十分冷やす。カラメルをかけていただく。

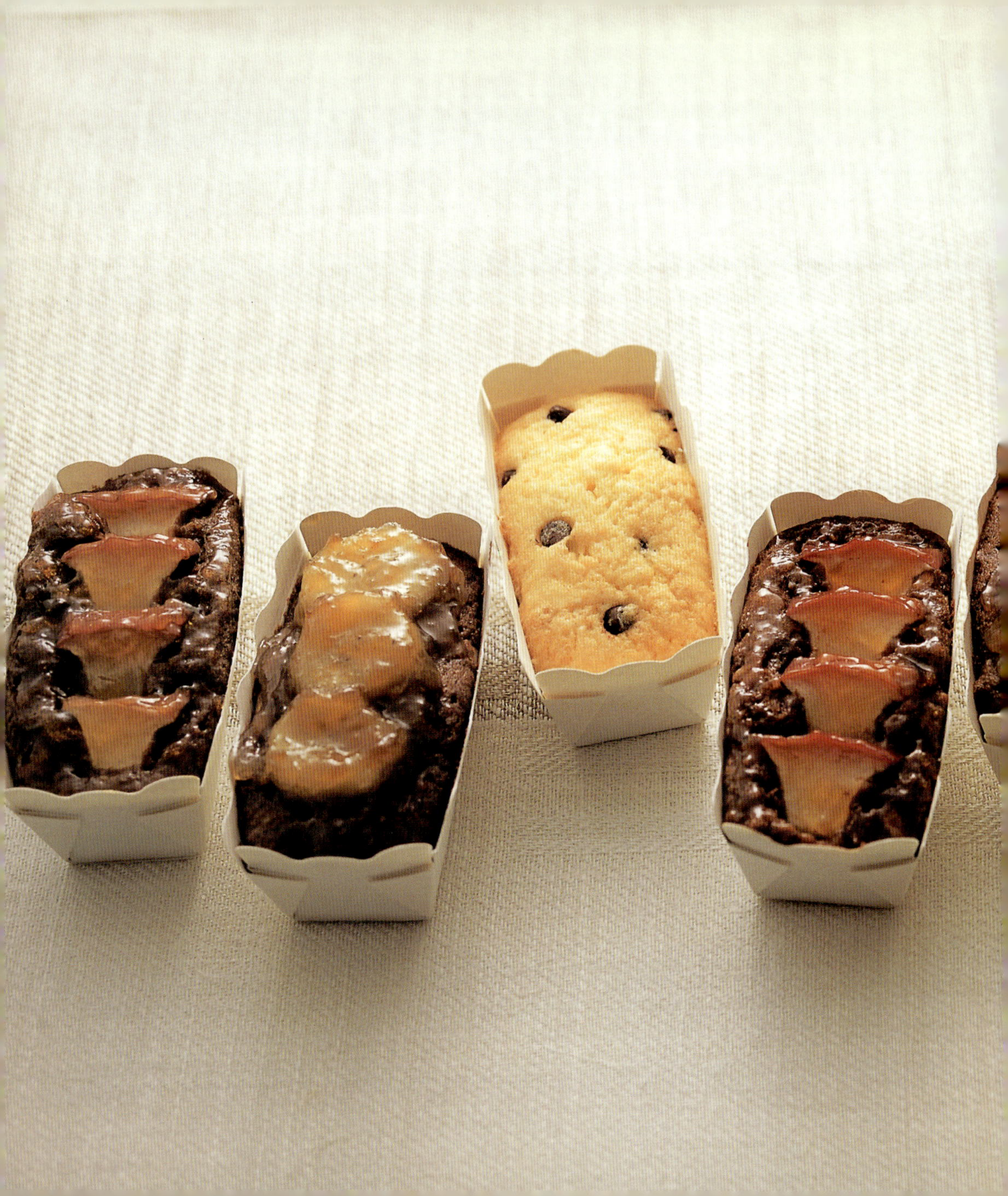

Apple Pound Cake
りんごのパウンドケーキ

Banana Pound Cake
バナナのパウンドケーキ

Chocochip Pound Cake
チョコチップパウンドケーキ

Apple Pound Cake
Banana Pound Cake
Chocochip Pound Cake

アップル・バナナ・チョコチップ　パウンドケーキの作り方

人気のパウンドケーキは基本の生地に、素材をプラスするだけで何種類にも。

材料（9×5cmペーパーパウンド型 各4個分）

・基本の生地

薄力粉	50g
ココア	大さじ1
ベーキングパウダー	小さじ½
バター	40g
グラニュー糖	40g
卵	1個

●りんご

りんご（紅玉）	½個
あんずジャム	適量
＋基本の生地	

●バナナ

バナナ	1本
＋基本の生地	

●チョコチップ

チョコチップ	20g
＋基本の生地（ココアを抜き、薄力粉70gにかえる）	
牛乳	大さじ1

日持ちの目安：室温で3日

作り方

●りんご

✣ 下準備

1 りんごは縦に半分に切る。半分は皮をむいて細かく刻む。残りの半分は皮つきのままよく洗って、縦に切り1cm厚さのいちょう切りにする。

2 薄力粉とベーキングパウダーをふるっておく。

✣ 生地を作る

3 ボウルに室温に戻しやわらかくしたバターと、グラニュー糖を入れて、泡立て器で白っぽくなるまですり混ぜる。

4 ココアを加え練り混ぜ、さらに溶きほぐした卵を少しずつ加えて混ぜる。

5 刻んだりんごを**4**に加えて混ぜる（写真）。

6 **2**の粉をふるいながら加えて、さっくり混ぜ合わせる。

✣ 焼く

7 型に生地を流し入れて表面を平らにし、いちょう切りにしたりんごをのせる。

8 170度に温めたオーブンで約25分焼き、あんずジャムをハケで塗る。

●**バナナ**

1 バナナは半分を刻んで生地に加え、残りの半分は5mm厚さの輪切りにする。

2 薄力粉とベーキングパウダーをふるっておく。ボウルにバター、グラニュー糖、ココアを入れ、さらに卵を加えて混ぜる（P.54の**2**〜**4**と同様）。

3 刻んだバナナを生地に加えて混ぜる。

4 薄力粉をふるいながら加えて、さっくりと混ぜ合わせる。

5 型に生地を流し入れ、オーブンで焼く（P.54の**8**と同様）。

6 フライパンにバター（分量外小さじ1）、グラニュー糖（分量外小さじ2）を入れ、**1**の輪切りのバナナを炒める。焼き上がったケーキの上にのせる。

●**チョコチップ**

1 薄力粉とベーキングパウダーをふるっておく。ボウルにバター、グラニュー糖を入れ、さらに卵を加えて混ぜる（P.54の**2**〜**4**と同様。ただしココアは加えない）。さらに牛乳を加え混ぜる。

2 チョコチップを生地に加え混ぜる。

3 薄力粉をふるいながら加えて、さっくり混ぜ合わせる。

4 型に生地を流し入れ、170度に温めたオーブンで約25分焼く。

Hot Truffle Cake
ホットトリュフケーキ

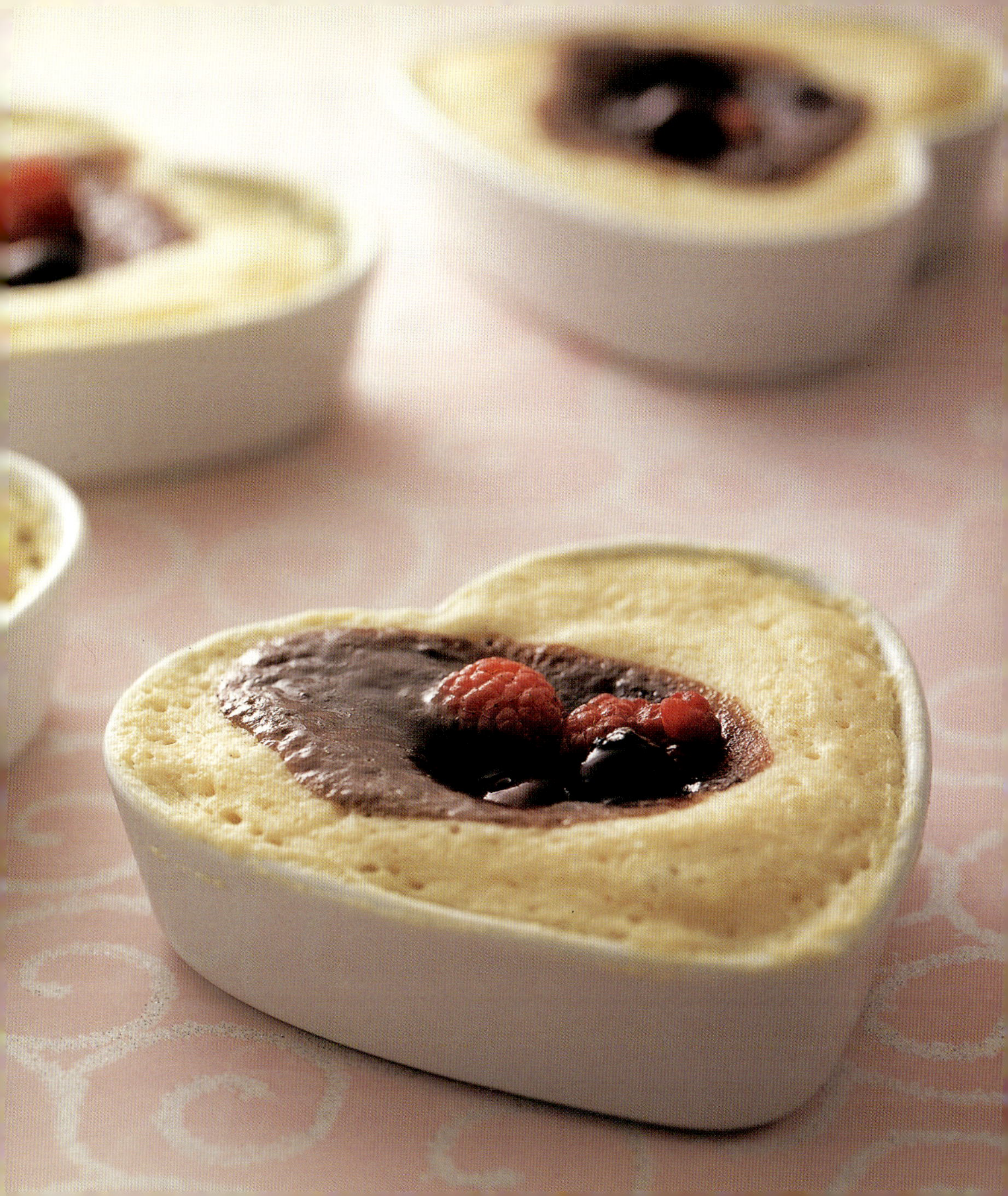

Hot Truffle Cake

ホットトリュフチョコケーキの作り方

準備から15分でできちゃう早ワザお菓子。電子レンジでチンして、アツアツをどうぞ。

材料（ハートの耐熱皿 2個分）

ホットケーキミックス	50g
牛乳	50cc
バター	小さじ2
グラニュー糖	小さじ2
ブルーベリー	6個
ラズベリー	4個
トリュフ	2個

日持ちの目安：当日

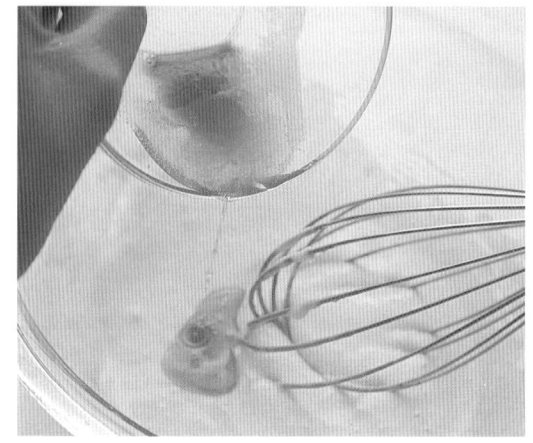

a

b

作り方

❖ **下準備**

1 焦がしバターを作る。小鍋にバターを入れて、火にかける。薄い紅茶色になって、香ばしい香りがしてきたら、火からおろして茶こしでこしておく。

❖ **生地を作る**

2 ボウルにホットケーキミックス、牛乳、グラニュー糖、**1**のバターを入れて、泡立て器で混ぜ合わせる（写真a）。

❖ **焼く**

3 ハートの耐熱皿に**2**の生地を入れ、真ん中にトリュフを置く（写真b）。

4 電子レンジの強で1分加熱する。取り出してブルーベリー、ラズベリーをのせて、さらに30秒加熱する（写真c）。

★電子レンジに入れる際は、1個ずつ加熱する。

Petit Choco Pie
プチチョコパイ

Chocolate Tart
チョコレートタルト

Petit Choco Pie

プチチョコパイの作り方

市販のパイシートでチョコを包んで、オーブントースターで焼くだけ。ぶきっちょさんでも心配なし。

材料（20×10cmのパイシート 8個分）

市販のパイシート ・・・・・・・・・・・・・・・・・・・・・・1枚
キスチョコ ・・・・・・・・・・・・・・・・・・・・・・・・・・・・・8個
粉糖・・・・・・・・・・・・・・・・・・・・・・・・・・・・・・・・・・・適量

日持ちの目安：室温で2日

作り方

❖ **成形する**

1 パイシートを5cm角の正方形に切る。
2 中央にキスチョコを置き、四隅を持ち上げて包む（写真）。

❖ **焼く**

3 オーブントースターまたはオーブンで、パイがこんがり焼けるまで焼く。
★オーブントースターで焼く時は、アルミホイルをふんわりかぶせて焼く。生地がふくらんできたら、アルミホイルをはずして、パリッとした焼き色をつける。オーブンの時は、190度に温め約15〜20分焼く。
4 仕上げに粉糖をふるう。

Chocolate Tart

チョコレートタルトの作り方

しっかりと食べごたえのあるタルト。スイートチョコとミルクチョコ、あなたのお好みはどっち？

材料 （直径8cmタルト型 6個分）

・ガナッシュクリーム （3個分）
チョコレート（スイートまたはミルク） 50g
生クリーム ……………………………… 50cc
バター …………………………………… 10g

・タルト生地 （6個分）
薄力粉 …………………………………… 80g
バター …………………………………… 40g
グラニュー糖 ………………………… 大さじ2
卵 ……………………………………… 小さじ1
くるみ …………………………………… 1個
飾り用のホワイトチョコレート ………… 適量

日持ちの目安：冷蔵庫で2日

作り方

❖生地を作る

1 ボウルに室温に戻してやわらかくしたバターと、グラニュー糖を入れ、泡立て器で白っぽくなるまでよくすり混ぜる。

2 溶きほぐした卵を加えて混ぜる。

3 薄力粉を加え、だいたい混ざったら作業台に移し、生地に粉っぽさがなくなり、生地が手につかなくなるまでよく混ぜる。さらに刻んだくるみも加えひとまとめにする。ラップをして冷蔵庫で約30分休ませる。

❖焼く

4 3の生地をラップにはさんで、めん棒で3mmの厚さにのばす。生地をクッキー型で抜いて、薄くバター（分量外）を塗った型に、ぴったりと敷く。

5 重しをして、170度に温めたオーブンで約15分、重しを取って約5分焼く。

❖ガナッシュクリームを作る

6 鍋に生クリームを入れて火にかけ、沸騰直前に火からおろす。刻んだチョコレート、バターを加え、木ベラで静かに混ぜて溶かす。

❖仕上げる

7 冷めたタルト生地に、**6**を流して冷蔵庫で固める。

8 先の丸いスプーンで削ったホワイトチョコレートを上に飾る（写真）。

White Choco Fool

ホワイトチョコフール

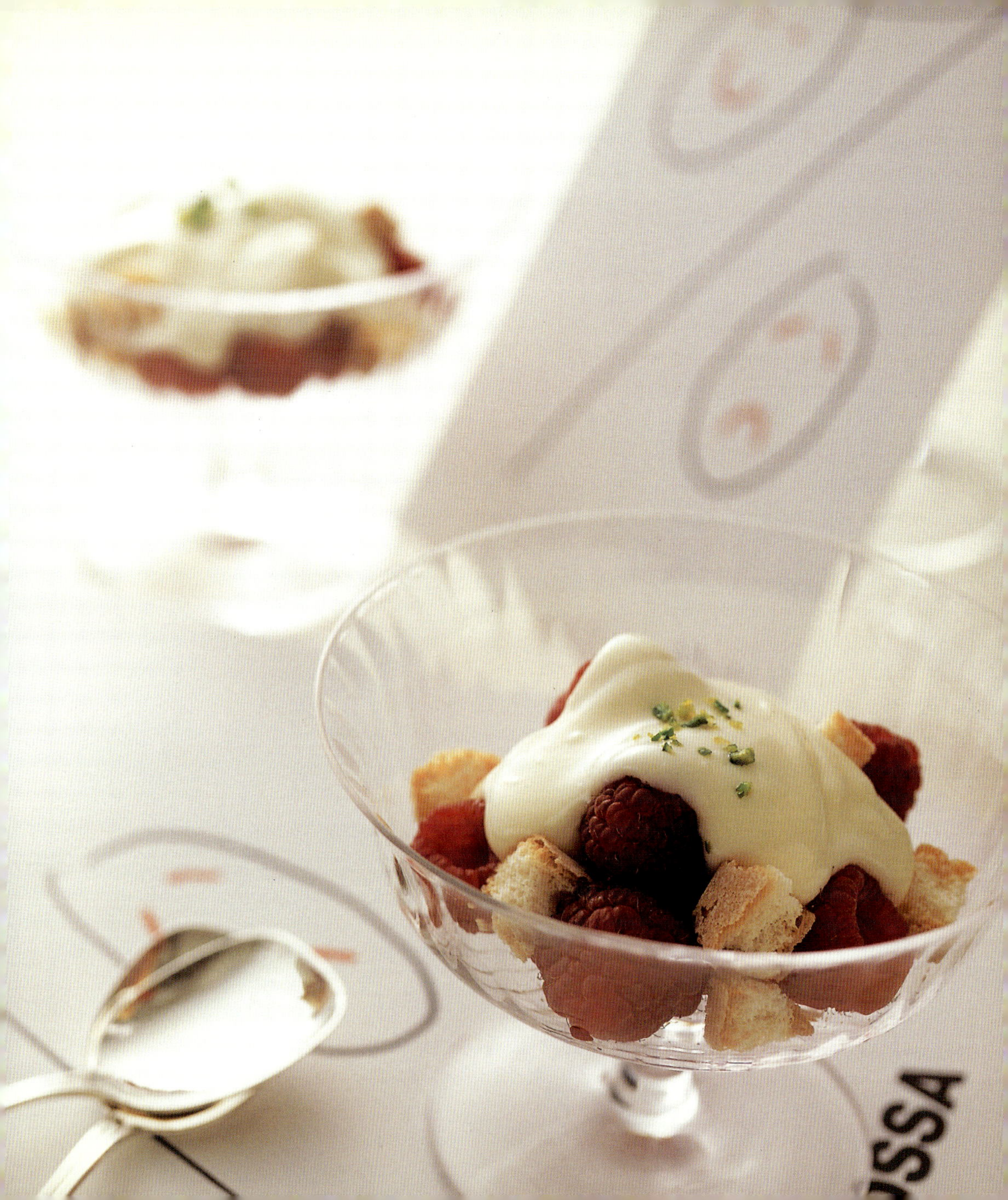

White Choco Fool
ホワイトチョコフールの作り方

サクッとしたビスキュイと甘酸っぱいラズベリーに、とろ～りホワイトチョコクリームを。

材料 (4人分)

ホワイトチョコレート	50g
生クリーム（35%）	100cc
しょうが汁	小さじ½
ラズベリー	½パック
ビスキュイ（フィンガービスケット）	2本
刻みピスタチオ	適量

日持ちの目安：当日

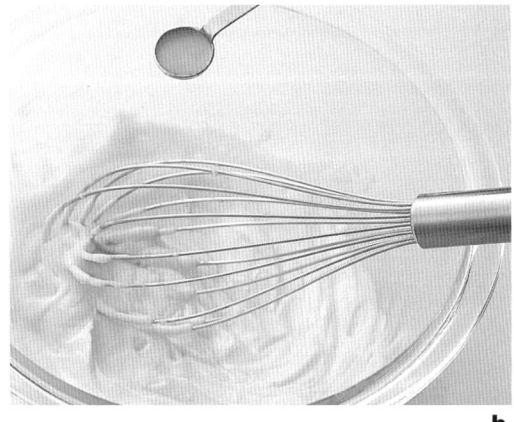

a

b

作り方

❖ **溶かす**

1 細かく刻んだホワイトチョコレートを湯せんで溶かす。（または電子レンジで約1分。半分ほど溶けた状態の時取り出し、よく混ぜる。）

★完全に溶かしてから取り出すと、温度が上がりすぎてチョコが変質する原因に。味が落ちるので注意。

❖ **混ぜる**

2 生クリームを少しずつ加えながら、泡立て器でよく混ぜる（写真a）。

3 よく混ざりクリーム状になったら、しょうが汁を加える（写真b）。

❖ **仕上げる**

4 ビスキュイは1cm角に刻む。ラズベリーとビスキュイをグラスに盛り、**3**をかける。刻みピスタチオをのせてできあがり。

チョコレートソースバリエ

œufs á la neige
& Chocolate Sauce
ウアラネージュ ＆ チョコレートソース

Chocolate Ice
& Chocolate Sauce
チョコレートアイス ＆ チョコレートソース

このレシピはほんの一例。フィンガービスケットにつけたり、パフェ風にしてみたり。また混ぜる洋酒をミントリキュールにしたりすると目先の変わったソースに。いろいろお試しあれ。

ミックスドライフルーツ 　　シルクロードレーズン 　　ドライクランベリー

杏

チョコレートに合う素材

風味をプラスしてくれるのはもちろん、食感や見た目を楽しませてくれる素材たち。いろんな素材を使ってオリジナルのチョコレート菓子を。

オレンジピール、レモンピール 　　アーモンド 　　くるみ

マカデミアナッツ 　　カシューナッツ 　　松の実

カボチャの種 　　ピスタチオ 　　マシュマロ

œufs á la neige

ウアラネージュの作り方

材料 (4個分)

卵白 ……………… 1個
グラニュー糖 … 小さじ1
塩 ……………… 少々

作り方

1. 鍋に湯をわかす。
2. ボウルに卵白を入れて、角が立つまで泡立て器でよく混ぜる。
3. 2にグラニュー糖を少しずつ加えながら、さらによく混ぜる。
4. 湯に塩を少々加えて、90度くらいを保つ。
5. 大きいスプーンでメレンゲをすくって、湯の中に静かに落とす。
6. 弱火で約1〜2分ゆで、ひっくり返して約1分ゆでる。
7. メレンゲがよくふくらんだら、静かに取り出して、ざるの上にのせ水気をきる。
8. グラスにソースを注ぎ、メレンゲをのせる。

Chocolate Ice

チョコレートアイスの作り方

材料 (4個分)

卵黄 ……………… 2個
グラニュー糖 …… 40g
ココア ………… 大さじ3
牛乳 …………… 150cc
生クリーム ……… 200cc
ビスコッティ …… 適量

作り方

1. ボウルに卵黄とグラニュー糖を入れ、泡立て器でよくすり混ぜる。
2. ふるったココアを加え混ぜる。
3. 鍋に牛乳を入れ、沸騰直前まで温め、2に少しずつ加えながら混ぜ合わせる。
4. 鍋に3を戻し木ベラでかき混ぜ、沸騰させないよう注意しながら、とろみがつくまで加熱する。
5. ボウルに入れてボウルの底を氷水にあて冷やす。
6. 生クリームを七分立てにし、冷やしておいた5に加えて、泡立て器で混ぜ合わせる。
7. 金属の容器に入れて、冷凍庫で冷やし固める。
8. 室温に5分ほどおいてやわらかくなったものを、ふんわりと器に盛り、チョコソースをかける。お好みでビスコッティを添えてできあがり。

●チョコソースの作り方●

・ウアラネージュのソース
ミルクチョコレート …………50g
洋酒（グランマニエ酒）…小さじ1
生クリーム ……………………50g

・チョコレートアイスのソース
スイートチョコレート ………50g
洋酒（ラム酒）……………小さじ1
生クリーム ……………………50g

1 生クリームを鍋で温める。
2 刻んだチョコレートを加えて溶かす。
3 粗熱をとってから洋酒を加え混ぜ、冷ましておく。

BREAK TIME

知ってて得するQ&A

Q 溶かしたチョコレートが、使う前に固まってしまったら？

A 細かく刻んで溶かせば、もう一度使うことができます。表面が白くなったチョコレートも同じ。溶かすとツヤが戻ります。

Q チョコレートを湯せんで溶かしていたら、急に固まってしまった。

A お湯がチョコレートに入りませんでしたか？チョコレートに水分が入ると急に固まってしまいます。こうなったらチョコレートは二度と溶けません。水分は大敵なのです。また高温で湯せんした時も同様のことが起こります。

Q 型に何も塗らないのに、どうしてチョコが簡単にはずれるの？

A 上手にテンパリングしたチョコレートは、冷えて固まる時に収縮する性質があるから。抜き型は油分、水分のないようにきれいに拭いてから使いましょう。

Q 毎回同じように作業しているのに、チョコレートの固まるまでの時間が違うにはなぜ？

A チョコレートを扱う時、部屋の温度が18度以下になると溶かしたチョコが固まりやすくなるので、作業がしづらくなります。冬期、暖房のない部屋で作業する時には気をつけましょう。

Chapter 3

チョコレートの
おもてなしお菓子

お友達が遊びにきたとき、お呼ばれのとき、こんなチョコレートのお菓子があったら、みんな大感激です。ちょっぴりおめかし顔のお菓子たち。

Gâteau au Chocolat

ガトーショコラ

Gâteau au Chocolat
ガトーショコラの作り方

チョコレートが勝負！のケーキです。チョコレートの質にもこだわって。

材料 (15cm丸型)

スイートチョコレート	100g
薄力粉	30g
ココア	大さじ2
塩	少々
バター	50g
グラニュー糖	50g
卵	2個

日持ちの目安：室温で3日

作り方

❖ **溶かす**

1 チョコレートを細かく刻み、湯せんにかけて溶かす。（または電子レンジで約1分30秒。半分ほど溶けた状態の時取り出し、よく混ぜる）さらにバターも加え溶かす（写真a）。

❖ **生地を作る**

2 卵は卵黄と卵白に分ける。ボウルに卵黄とグラニュー糖を入れ、泡立て器で白っぽいクリーム状になるまでよくすり混ぜる。

3 **2**のボウルに**1**を加え混ぜ合わせる。

4 薄力粉とココアをふるいながら加え、混ぜ合わせる（写真b）。

5 別のボウルに卵白と塩を入れ、泡立て器で泡立て、角が立つくらいの固いメレンゲを作る。

★ メレンゲを泡立てるボウルは、油分が残っていると泡が消えやすくなるため、よく洗って、水気をふきとったものを使う。

6 **4**のボウルに**5**のメレンゲを2〜3回に分けて加えて、泡をつぶさないように静かにさっくりと混ぜ合わせる（写真c）。

❖焼く

7 薄くバター（分量外）を塗り、パラフィン紙を敷いた型に**6**の生地を流し、160〜170度に温めたオーブンで約20〜25分焼く。

8 焼き上がったら、粗熱を取って型からはずし、紙をはがして網台の上で冷ます。

★ガトーショコラは普通の板チョコレートでも作れるが、口当たり、風味はクーベルチュールチョコレートの方が本格的な仕上がりになる。

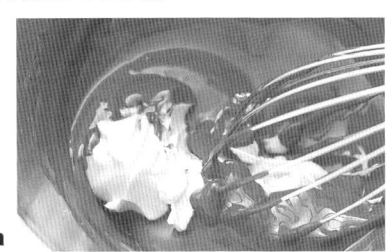

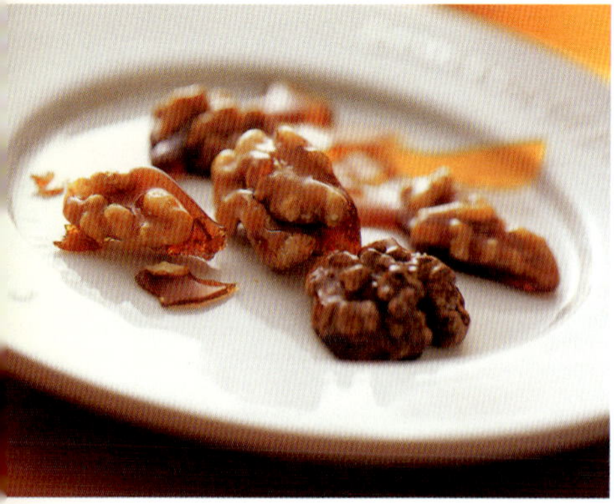

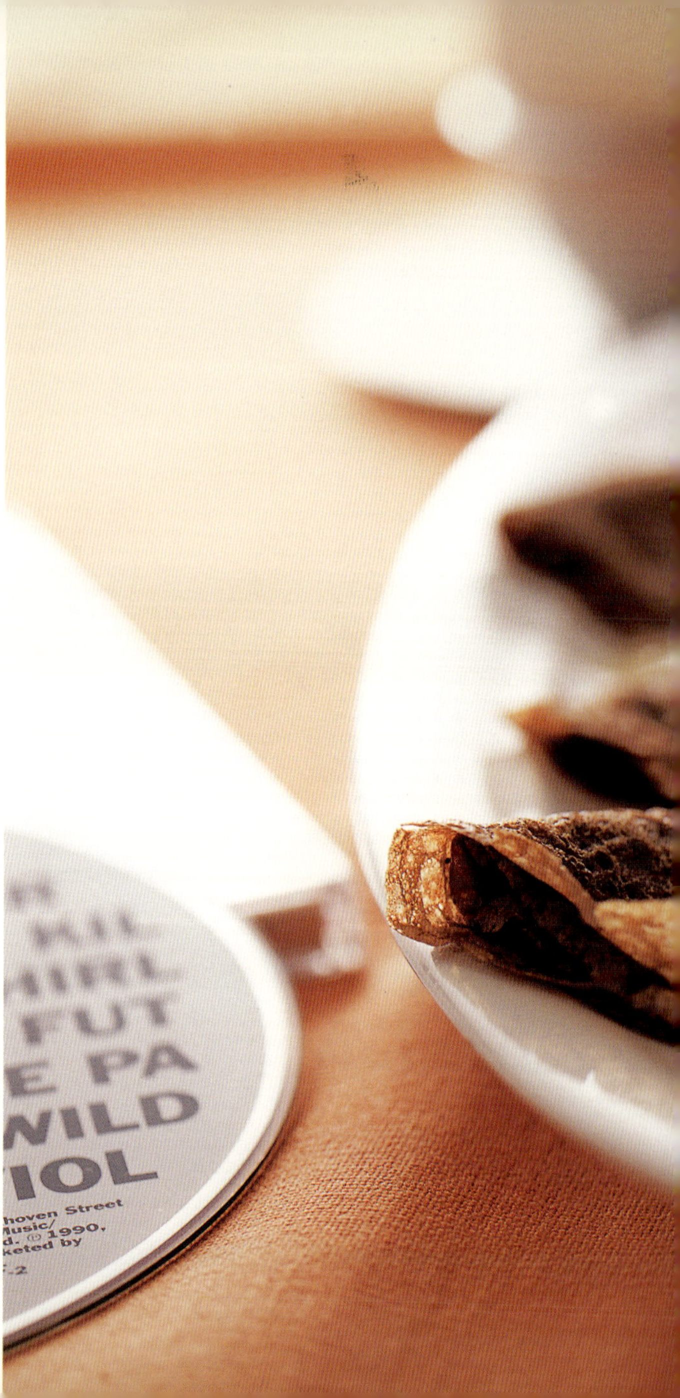

Chocolate Crepe
チョコレートクレープ

Chocolate Crepe

チョコレートクレープの作り方

普段は素朴なクレープも盛りつけ次第で…ほらっ、オープンカフェメニューみたい。

材料（直径25cmフライパン 6枚分）

薄力粉	50g
ココア	大さじ2
塩	少々
バター	小さじ1
グラニュー糖	大さじ2
卵	2個
牛乳	200cc
はちみつ	適量
カラメルがけのくるみ	適量

日持ちの目安：当日

作り方

❖ **下準備**

1 薄力粉、ココア、塩を合わせてふるっておく。

❖ **生地を作る**

2 卵とグラニュー糖をボウルに入れて、泡立て器でよくほぐす。

3 牛乳と電子レンジで約15秒加熱したバターを**2**に加えて混ぜる。

4 **1**をさらにふるいながら、**3**に加えて混ぜ合わせる。

5 **4**をこし器でこして、なめらかな生地を作る（写真a）。ラップをかけて、室温で約30分おき、生地を落ち着かせる。

❖ **焼く**

6 フライパンを強火で熱して、バター（分量外）を薄くひく。そこに、おたまに軽く1/2杯くらいの生地を流す。左手に持ったフライパンを手早く回しながら、生地を平均に広げ焼く。

7 表面が乾いてきたら、生地のはしを菜ばしではがす。

8 生地の中央に菜ばしを差し込み、生地を持ち上げて、ひっくり返す。裏面もさっと焼いて取り出す。

9 カラメルがけのくるみ（P15参照）を飾り、はちみつをかける。

a

Chocolate Banana Pie
チョコレートバナナパイ

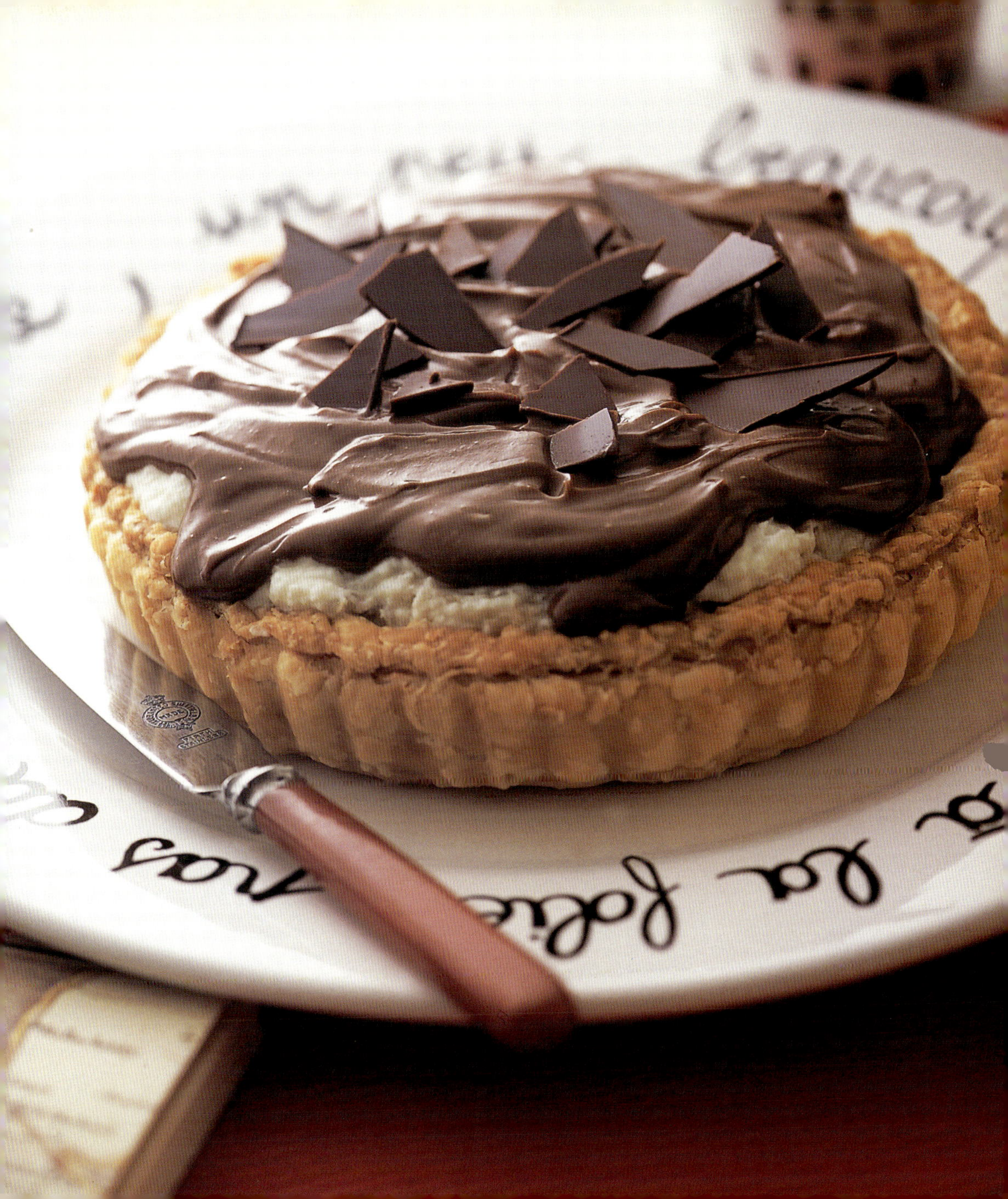

Chocolate Banana Pie

チョコレートバナナパイの作り方

切ると中からバナナがたっぷり、チョコクリームがとろ〜り。きっと幸せな気持ちになれる。

材料（16cmタルト型）

市販パイシート（18×18cm）	1枚
バナナ	1本
生クリーム	50cc
・チョコカスタードクリーム	
卵黄	2個
グラニュー糖	40g
ココア	大さじ2
薄力粉	20g
牛乳	200cc
生クリーム	50cc
飾り用板チョコ	適量

日持ちの目安：当日

作り方

❖ 焼く

1 半解凍したパイシートをめん棒で約4〜5mmにのばして、型にぴったりと敷きこむ。クッキングシートを敷き、重しをのせる（写真a）。200度に温めたオーブンで約20分、さらに180度で約10分焼き、冷ましておく。

★焼いて冷ましたパイ生地に、溶かしたチョコレート（分量外）を薄く塗っておくと、パイのサクサク感が長もちします。

❖ チョコカスタードクリームを作る

2 ボウルに卵黄とグラニュー糖の半量を加えて、泡立て器ですり混ぜる。さらに薄力粉を加えざっと混ぜる。

3 鍋に牛乳と残りのグラニュー糖、ココアを入れて火にかける。沸騰させない程度に温める。

4 **2**のボウルに**3**を少しずつ加えて混ぜ合わせる。

5 **4**の生地をこし器でこしながら、再び鍋に戻して火にかける。中火で絶えず木ベラでかき混ぜながら、とろみをつける。

★木ベラで混ぜると、鍋底が見えて、もったりとしてくる。さらによく混ぜ、スッと粘りがとれた時に火からおろす。

6 バットに広げて表面が乾燥しないように、熱いうちにラップをぴったりとかけて、冷蔵庫で冷やす。

7 **6**のクリームをボウルに入れ、泡立て器でよく混ぜる。そこに生クリームを少しずつ加えながら、クリーミーなチョコカスタードにする（写真b）。

❖ **仕上げる**

8 生クリームを八分立てに泡立てる。輪切りにしたバナナを加え混ぜ合わせ、パイの底に流す。
9 **7**のクリームをその上にのせる（写真c）。
10 薄い板チョコを折って上に飾る。

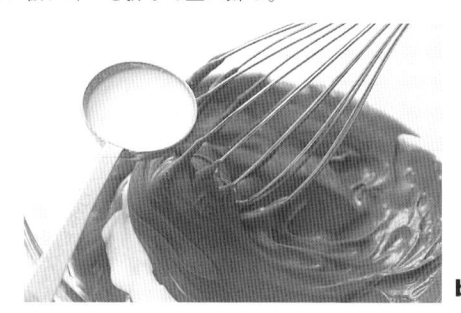

Chocolate Chiffon Cake

チョコレートシフォンケーキ

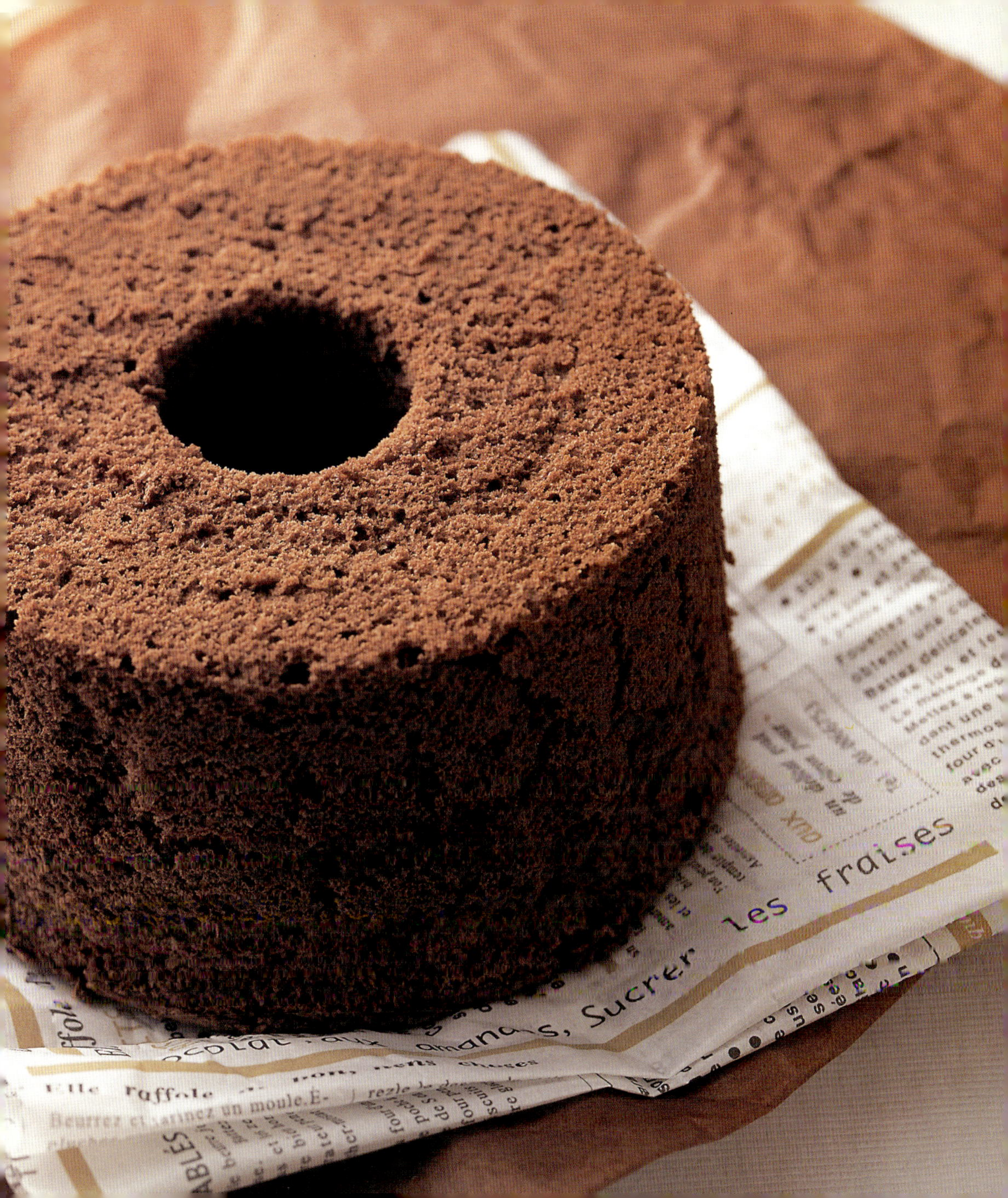
Sucrer les fraises
Elle raffole

Chocolate Chiffon Cake
チョコレートシフォンケーキの作り方

ふんわり、やさしい口当たりのシフォンケーキ。チョコ色に真っ白な生クリームを添えて。

材料（17cmのシフォン型）

薄力粉 …………………………… 50g
ベーキングパウダー ……………… 小さじ3/4
グラニュー糖 ……………………… 50g
卵黄 ……………………………… 3個
サラダ油 …………………………… 大さじ2
水 ………………………………… 大さじ3
⎡ ココア ………………………… 大さじ3
⎣ 熱湯 …………………………… 大さじ2
⎡ グラニュー糖 …………………… 30g
⎣ 卵白 ……………………… 4個分（140g）

日持ちの目安：室温で3日

作り方

✣ 下準備

1 ココアを熱湯で溶かす。

2 薄力粉とベーキングパウダーを合わせて、2回ふるっておく。

✣ 生地を作る

3 ボウルに卵黄とグラニュー糖を入れ、泡立て器でよくすり混ぜる。白っぽいクリーム状になったら、サラダ油を加えてさらによく混ぜる。

4 3に水、1のココアを加えて混ぜ合わせる。

✣ メレンゲを作る

5 別のボウルで卵白を泡立てる。角が立つまで泡立てたら、グラニュー糖を少しずつ加え、しっかりとした固いメレンゲを作る。

✣ 生地を混ぜ合わせる

6 4に5のメレンゲを1/3量加え、泡立て器で静かに混ぜ合わせる（写真a）。

7 2の粉を2回に分けて加え、泡立て器で静かに混ぜ合わせる。

8 残りのメレンゲを2回に分けて加え、泡をつぶさないように注意しながら混ぜ合わせる。

❖ 焼く

9 何も塗らない型に生地を静かに流し入れ、竹串（またははし）で2、3周ゆっくりとかき混ぜ、空気を抜く（写真b）。

10 170度に温めたオーブンで約40分焼く。

11 焼き上がったら、型のまま網台の上に逆さにして十分に冷ます。

12 パレットナイフで型からそっとはずす。

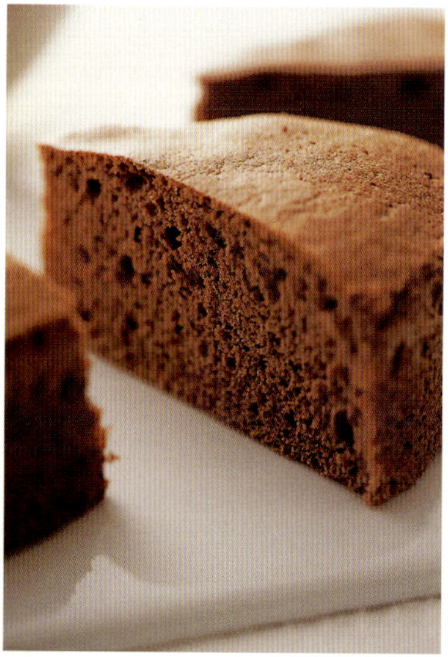

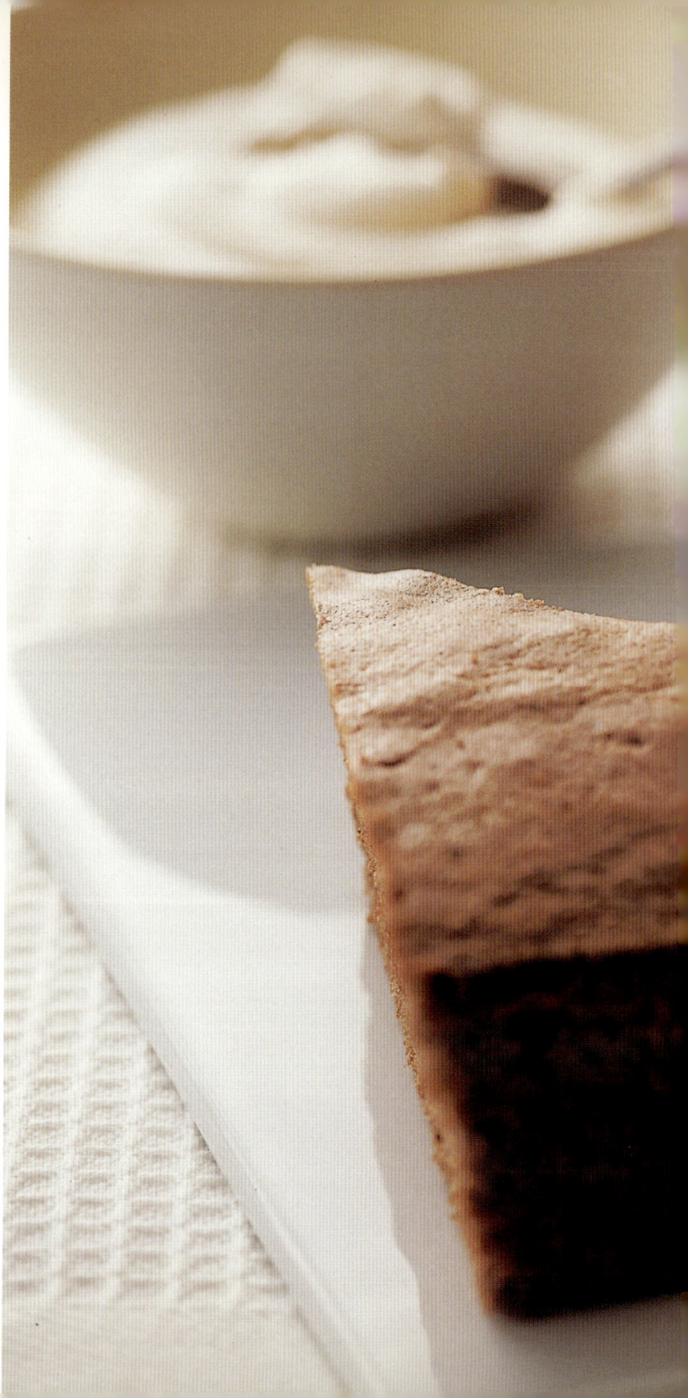

Chocolate Sponge Cake
チョコレートスポンジケーキ

Chocolate Sponge Cake
チョコレートスポンジケーキの作り方

あくまでもシンプルに。チョコ好きにも、そうでない人にも。万人に愛される味です。

材料（18cmの丸型）

薄力粉	80g
ココア	大さじ2
バター	30g
グラニュー糖	90g
卵	3個

日持ちの目安：室温で3日

作り方

❖ **下準備**

1 型にバター（分量外）を薄く塗り、パラフィン紙を型に合わせてはりつける。

2 薄力粉、ココアを合わせて、2〜3回ふるっておく。

❖ **生地を作る**

3 ボウルに卵とグラニュー糖を入れ、湯せんにかけて泡立て器で泡立てる（写真a）。人肌に温まったら湯せんをはずす。ハンドミキサーで生地がリボン状に落ちるようになるまで泡立てる（写真b）。

4 **2**の粉を2〜3回に分けて加え、ゴムベラでさっくりと混ぜ合わせる（写真c）。

★粉の中にココアが入っていると、卵の泡が消えやすくなるので、手早く混ぜ合わせる。

5 バターは湯せんで溶かす。バターに**4**の生地を約大さじ1加え、混ぜ合わせたものを**4**のボウルに戻し、全体を混ぜ合わせる。

❖ **焼く**

6 型に流し入れ、2〜3cmの高さから型の底を台に打ちつけて、中の余分な空気を抜く。

7 170度に温めたオーブンの中段で約30分焼く。

8 型からはずし、パラフィン紙を取って網台の上で冷ます。

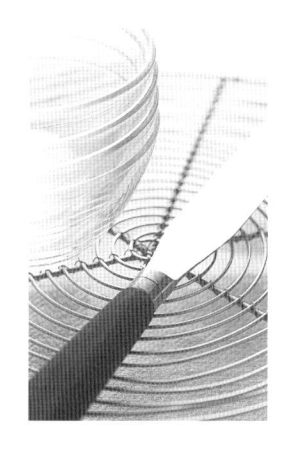

a

b

c

91

Wrapping 簡単ラッピングアイデア

わざわざラッピングの材料を買ってこなくても、
身近にある素材で
こんなに素敵な贈り物になってしまうんです。
あなたのアイデア次第。
さり気ないセンスが光るラッピングを。

ラップでくるんで麻ひもや毛糸などでしばる。
こんなふうにクモの巣みたいに結ぶのもおもしろい。
ハート型に切った雑誌の切り抜きを飾りに。
薄紙で無造作に包めば、できあがり。

透明のラッピングペーパーをクレープを包む時のように、クルクルっと丸め、口をクリップで止める。ハートのクリップは文具店などで。

チーズの箱を再利用。こんなポップなラッピングペーパーを敷いて楽し気に。

プリンなどのグラスごと贈れるようなお菓子は、ラッピングペーパーで包み、上をキュッとつまんでねじっただけでとってもキュート。

小さなパウンドケーキはサンドイッチなどを入れる料理用のワックスペーパーの袋に入れて、リボンやひもで結ぶ。

ラッピングに使える道具&小物

空き箱やかわいい包装紙、文房具などを使ってキュートラッピングのススメ。

ラッピングはお菓子を包むための箱や紙、それをとめる道具があればOK。
そう考えると、意外と身近なところに使える素材はあるものです。
例えば、空き箱や封筒。また洋服を買った時に包んであった薄紙、
料理用のパラフィン紙。
お菓子をそのまま無造作に包んで、ハート型のクリップでとめたり、
袋の形に折ってホッチキスでとめるだけで十分。
毛糸で縫ってしまうのも。
物足りなければ雑誌の切り抜きをはりつけたり、
クレヨンで英字を書き込んでもかわいい。
心がこもっているだけでなく、とても経済的。
他にも麻ひも、安全ピン、ワインのキャップ…など、探せば出てくる。
さぁ、今すぐ部屋の中を探してみて。

著者　大森いく子

撮影　青山紀子

スタイリング　井上輝美

本文デザイン　渡辺実穂

菓子製作助手　大島直子
　　　　　　　亀田紘子

編集　飯島香織（永岡書店編集部）

チョコレートのお菓子

著者　大森いく子

発行者　永岡修一

発行所　株式会社永岡書店
〒176-8518
東京都練馬区豊玉上1-7-14
03-3992-5155（代表）
03-3992-7191（編集）

印刷　横山印刷

製本　ヤマナカ製本

DTP製作　編集室クルー

ISBN4-522-41135-9　C2077
落丁本・乱丁本はお取り替えいたします。⑥